BIBLIA
PARA
EXPLORADORES

Nuevo Testamento

Ilustrado por José Pérez Montero

TYNDALE NIÑOS — TYNDALE HOUSE PUBLISHERS, INC.

¡Hola! Soy Miguelito.
Me encantan las aventuras y
viajar a través del tiempo. Lo que más me
gusta es volver a los tiempos bíblicos y presenciar algunos
de los acontecimientos más emocionantes de la historia.
¿Eres bueno para encontrar cosas? Si lo eres, te invito a que me
acompañes. Haremos un poco de investigación y al final de
nuestra travesía serás un experto explorador de la Biblia.

Algunas cosas antes de comenzar: al leer los relatos, intenta
encontrar las cosas en la barra lateral de cada escena.
Cuando encuentres cada clave, aprenderás un poquito más
acerca de la vida dramática, colorida y a veces caótica en
los tiempos bíblicos. Al avanzar, verás cosas graciosas
o sorprendentes: espero que algunas te hagan
reír; otras tal vez te dejen con la boca abierta.
Todo será parte de la diversión a medida que
recorramos juntos el Nuevo Testamento.

El nacimiento de Jesús

Cuando María estaba embarazada del niño Jesús, ella y José viajaron a Belén para inscribirse en el censo. No había ningún lugar para pasar la noche, así que durmieron en un establo. Esa noche nació Jesús. Algunos pastores, que estaban cuidando sus ovejas cerca del lugar, vieron a un coro de ángeles cantando, y los ángeles les dijeron que había nacido el Salvador del mundo. Los pastores se apresuraron y encontraron a María, a José y al niño Jesús en el establo, y alabaron a Dios.

Tomado de Lucas 2:1-20

El joven Jesús en el templo

Cuando Jesús tenía doce años, su familia celebró la Pascua en Jerusalén. Después, la familia empezó su largo viaje de regreso a casa. Sin embargo, Jesús se quedó en el templo, pero ni María ni José se dieron cuenta. Después de un día, María y José empezaron a buscar a Jesús y lo encontraron tres días después en el templo allá atrás en Jerusalén. Allí estaba, hablando con los líderes religiosos. «¡Jesús! —dijo su madre—. ¡Hemos estado desesperados buscándote!». Jesús le respondió: «¿No sabías que estaría en la casa de mi Padre?».

Tomado de Lucas 2:41-49

La boda de Caná

Ya de adulto, Jesús asistió a una boda en un pueblo llamado Caná. Durante la fiesta, de repente se acabó el vino. La madre de Jesús, María, le dijo a su hijo: «Se quedaron sin vino». Jesús les dijo a los sirvientes que llenaran unas tinajas grandes con agua. Luego sirvieron un poco y se lo llevaron al maestro de ceremonias. El maestro de ceremonias probó el agua y le dijo al novio: «¡Este vino está mucho mejor que el que tomamos antes!». El agua de las tinajas grandes había sido convertida en un delicioso vino. Cuando los discípulos de Jesús vieron esto, creyeron que él era el Hijo de Dios.

Tomado de Juan 2:1-11

Jesús despeja el templo

Era casi tiempo de celebrar la Pascua, así que Jesús viajó a Jerusalén. Cuando llegó al templo, se enojó. La zona del templo estaba llena de comerciantes que vendían ovejas y ganado para los sacrificios, y otros hombres habían puesto mesas para cambiar monedas. Jesús hizo un látigo y los echó a todos del templo. Volteó las mesas, y las monedas cayeron repiqueteando en el suelo. «¡Saquen estas cosas de aquí! —gritó Jesús—. ¡Han convertido la casa de mi Padre en un mercado cuando debería ser una casa de oración!». *Tomado de Mateo 21:12-13; Juan 2:13-16*

Busca:

9

Jesús sana a un paralítico

Cuatro hombres llevaron a su amigo paralítico a Jesús para que lo sanara, pero no pudieron acercarse por la multitud de visitas en la casa donde Jesús estaba enseñando. Así que hicieron un agujero en el techo y bajaron a su amigo delante de Jesús. Jesús vio su fe y le dijo al hombre paralítico: «Tus pecados son perdonados. Ponte de pie y camina». Todos quedaron maravillados cuando el hombre paralítico se paró, tomó su camilla y se fue a casa alabando a Dios.

Tomado de Marcos 2:1-12

Las bienaventuranzas

Jesús se sentó sobre una colina a enseñar. Dijo: «Felices son aquellos que se dan cuenta de su necesidad de Dios, porque vivirán en su reino. Felices son aquellos que están tristes, porque Dios los consolará. Felices son aquellos que hacen lo correcto, porque Dios les dará un corazón contento. Algunas personas dirán cosas malas sobre ustedes porque ustedes me pertenecen, pero alégrense porque serán recompensados en el cielo cuando se aferren a mí sin importar lo que pase».

Tomado de Mateo 5:1-12

Una mujer enferma

Jesús estaba en el medio de una gran multitud. Una mujer de la multitud había estado enferma por doce años, y ningún médico había podido ayudarla. Ella pensó que si tan solo pudiera tocar la túnica de Jesús, sería sanada. Tocó la túnica y sintió que su cuerpo se sanaba instantáneamente. «¿Quién me tocó?», preguntó Jesús. La mujer tuvo miedo, pero se arrodilló temblando delante de él y le contó su historia. Jesús le dijo: «Querida mujer, estás sana porque creíste».

Tomado de Marcos 5:24-34

Busca:

Jesús alimenta a los cinco mil

Cuando Jesús terminó de enseñar al pueblo, era la hora de cenar. Los discípulos querían enviar a la gente a casa para buscar algo de comer, pero Jesús tenía otro plan. Con solo cinco panes y dos pescados, Jesús y sus discípulos milagrosamente le dieron de comer a más de cinco mil personas.

Tomado de Marcos 6:30-44

Zaqueo el cobrador de impuestos

Zaqueo se subió a un árbol para ver a Jesús. Cuando Jesús pasó por ahí, miró hacia arriba y dijo: «Baja, Zaqueo, porque hoy voy a tu casa». Zaqueo estaba entusiasmado, pero la gente se quejaba de que Jesús se hospedaba en la casa de un pecador. Zaqueo dijo: «Daré la mitad de lo que tengo a los pobres, y si he engañado a alguien, le devolveré cuatro veces más».

Tomado de Lucas 19:1-10

La entrada triunfal

La multitud oyó que Jesús venía a Jerusalén montado sobre un burrito. Tomaron ramas de palmera y corrieron a encontrarlo. Las personas agitaron las ramas y gritaron: «¡Dios bendiga al que viene en el nombre del Señor!». Pero los fariseos estaban disgustados porque la gente seguía a Jesús en vez de seguirlos a ellos.

Tomado de Juan 12:12-19

La llegada del Espíritu Santo en Pentecostés

Después de que Jesús resucitó y regresó al cielo, los apóstoles se reunieron en el día de Pentecostés. De repente, oyeron un viento fuerte, y llamas de fuego se posaron sobre las cabezas de cada uno de ellos. El Espíritu Santo había llegado. Les dio poder para hablar otros idiomas. Las personas estaban asombradas de que podían entender en su propio idioma lo que los discípulos enseñaban acerca de Dios. *Tomado de Hechos 2:1-11*

Busca:

Los apóstoles sanan a muchos

Los apóstoles de Jesús estaban haciendo muchos milagros. Se reunieron en el templo, y la gente les trajo los enfermos. Pedro y los apóstoles los sanaron a través del poder de Jesús. A causa de estos milagros, más y más personas creyeron en Jesús y formaron parte del grupo de creyentes, que después serían llamados cristianos.

Tomado de Hechos 5:12-16

Esteban

Dios le ayudó a Esteban a realizar muchos milagros, pero había algunos hombres que no lo querían. Como no pudieron encontrar de qué acusarlo, le pagaron a algunas personas para que dijeran mentiras acerca de Esteban, y entonces lo mataron por algo que no había hecho. Mientras la gente le tiraba piedras para matarlo, él le pidió a Dios que los perdonara.

Tomado de Hechos 6:8-15; 7:54-60

Busca:

Una multitud adora a Dios

Dios le dio a Juan una visión del cielo. Una gran multitud adoraba a Dios, diciendo: «¡Aleluya! Nuestro Dios reina. Alegrémonos y demos gloria a Dios». Un ángel le dijo a Juan que escribiera: «Benditos son los que están invitados a estar con Jesús». El ángel dijo: «Estas son palabras verdaderas de Dios». *Tomado de Apocalipsis 19:6-9*

Visite la página de Internet de Tyndale para niños: www.tyndale.com/kids.

TYNDALE y el logotipo de la pluma son marcas registradas de Tyndale House Publishers, Inc. El logotipo de Tyndale Niños y el logotipo de Tyndale Kids son marcas de Tyndale House Publishers, Inc.

Biblia para exploradores: Nuevo Testamento

© 2017 por Scandinavia Publishing House. Todos los derechos reservados.

Originalmente publicado en inglés como Bible Detective: *Looking for Jesus* (ISBN 9788771328356) y *Bible Detective: Looking for the First Christians* (ISBN 9788771328363) por Scandinavia Publishing House. Una edición simultánea en inglés fue publicada como *Bible Sleuth: New Testament* por Tyndale House Publishers, Inc., con ISBN 978-1-4964-2243-9.

Texto: Vanessa Carroll

Diseño: Gao Hanyu, Li Dan, Jacqueline L. Nuñez

Edición del inglés: Cecilie Fodor, Sarah Rubio

Traducción al español: Adriana Powell Traducciones

Edición del español: Christine Kindberg

ISBN 978-1-4964-2246-0

Impreso en China

Printed in China

23	22	21	20	19	18	17
7	6	5	4	3	2	1